CELIA SOARES DE SOUSA
MARIA ANTÔNIA MARQUES

MARIA E OS FUNDAMENTOS DA SINODALIDADE

Coleção Escola de Maria
16

EDITORA
SANTUÁRIO

Dados Internacionais de Catalogação na Publicação (CIP) de acordo com ISBD

M357m Marques, Maria Antônia

Maria e os fundamentos da sinodalidade / Maria Antônia Marques, Célia Soares de Sousa. - Aparecida : Editora Santuário, 2022.
32 p. ; 14cm x 21cm.

Inclui índice e anexo.
ISBN: 978-65-5527-277-2

1. Religião. 2. Cristianismo. 3. Espiritualidade. 4. Maria. 5. Sinodalidade. I. Sousa, Célia Soares de. II. Título.

2022-3999 CDD 240
CDU 24

Elaborado por Vagner Rodolfo da Silva - CRB-8/9410

Índice para catálogo sistemático:
1. Religião : Cristianismo 240
2. Religião : Cristianismo 24

1ª impressão

Rua Padre Claro Monteiro, 342 — 12570-045 — Aparecida-SP
Tel.: 12 3104-2000 — Televendas: 0800 16 00 04
www.editorasantuario.com.br
vendas@editorasantuario.com.br

APRESENTAÇÃO

O papa Francisco tem enfatizado que a Sinodalidade é uma dimensão constitutiva da Igreja. Maria é a Mãe da Igreja e "com o Espírito Santo, em meio ao povo, está sempre" (EG 284).

Neste caderno, o leitor é convidado a descobrir os fundamentos bíblicos e magisterial do Sínodo, com destaque para a presença de Maria, por meio das reflexões de duas grandes teólogas e professoras: Maria Antônia Marques e Celia Soares de Sousa.

Meditando o cântico de Maria na passagem lucana da visita a Isabel, a profa. Maria Antônia apresenta alguns pontos importantes nesse caminho do discipulado de Jesus: o da comunhão, participação e missão. E como Maria ainda hoje nos acompanha e inspira nessa caminhada.

No segundo capítulo, Celia Soares de Sousa ressalta a importância da reflexão mariológica pós-Concílio Vaticano II, em que a Mariologia teve uma grande renovação e a Igreja uma grande abertura para um estilo sinodal. Como a própria autora comenta, "uma comunidade que não caminha como Igreja sinodal permanece fechada nas estruturas ensimesmadas".

Duas reflexões que se complementam e enaltecem a relevância de Maria no caminho sinodal da Igreja.

I

COM MARIA, DESCOBRINDO OS FUNDAMENTOS BÍBLICOS DA SINODALIDADE

Maria Antônia Marques

A palavra sínodo vem da junção de dois termos gregos, "syn" (juntos) e "*hodós*" (caminho), significa "estar a caminho" ou "caminhar juntos". Na Bíblia, há muitas tradições que evidenciam a caminhada do povo em busca de vida digna.

Ao longo de sua caminhada, nas mais diversas circunstâncias e dificuldades, o povo experimentou a presença de um Deus que ouviu seus clamores e desceu (Ex 3,7-8). Em nossa caminhada, nós continuamos sentindo a presença desse Deus, que desce por meio das pessoas e continua presente e atuante em nossa vida.

Um texto que gostamos de ler e meditar é o relato da visita de Maria a Isabel (Lc 1,39-56). Essa passagem nos indica o caminho do discipulado de Jesus, cujos passos são: comunhão, participação e missão. É provável que a redação final desse texto contenha a interpretação teológica própria da comunidade lucana, exaltando o senhorio de Jesus e o projeto salvífico de Deus, mas, ao mesmo tempo, é um texto que recolhe a tradição teológica e pastoral do cotidiano da comunidade. Eis alguns pontos importantes no caminho do discipulado de Jesus, apontados em Lc 1,39-56:

1. Disposição e solidariedade de Maria. Ela viajou de Nazaré a uma cidade de Judá para ajudar Isabel grávida com idade avançada. A viagem da Galileia para a região montanhosa da Judeia – da terra verde para a terra seca. Nessa cena, o mais importante é a solidariedade de Maria, oriunda da periferia, em relação a Isabel, esposa de Zacarias, sacerdote do Templo de Jerusalém, centro do poder e de exploração. Pastoralmente, a comunidade cristã da periferia proclama o não à opressão, mas o sim à solidariedade fraterna, que leva à comunhão da vida.

2. O autor da narrativa descreve a atuação de Maria de forma autônoma: "Naqueles dias, Maria pôs-se a caminho para a região montanhosa, dirigindo-se apressadamente a uma cidade de Judá. Entrou na casa de Zacarias e saudou Isabel (...). Maria permaneceu com ela mais ou menos três meses e voltou para a casa dela" (1,39-40.56). A atuação autônoma de Maria é contrária ao costume do mundo patriarcal de seu tempo. É muito provável que tal descrição reflita a atuação de algumas mulheres das primeiras comunidades cristãs.

3. "Ora, quando Isabel ouviu a saudação de Maria, a criança lhe estremeceu no ventre e Isabel ficou repleta do Espírito Santo" (1,41). O Antigo Testamento destaca a esterilidade como uma das causas de sofrimento e discriminação das mulheres (cf. 1Sm 1), porque a esterilidade impossibilita a

continuação da casa. Além de ser estéril, Isabel está com a idade avançada. É outra causa de discriminação e humilhação: as crianças, que nascem de mulheres idosas, são consideradas fracas e rejeitadas no mundo greco-romano. Mas, apesar de tais discriminações impostas sobre a figura de Isabel, a comunidade cristã atribui-lhe o papel importante de reconhecer e exclamar o mistério da concepção de Messias no corpo de Maria. O que a comunidade quer com isso é dignificar os oprimidos e denunciar todo tipo de discriminação contra o ser humano (cf. At 6,1).

4. "Feliz aquela que creu, pois o que lhe foi dito da parte do Senhor será cumprido" (1,45). As duas mulheres, mães grávidas, encontram-se e se regozijam com o cumprimento da promessa de Deus. Ao contrário de Zacarias, um sacerdote do Templo de Jerusalém, as duas mulheres pobres acreditam na ação salvífica de Deus na história, manifestada na tradição dos pobres do Antigo Testamento: Ele está a favor dos pobres, está no meio deles. É a teologia e a fé que iluminam e animam o discipulado missionário das primeiras comunidades cristãs.

5. "O Todo-poderoso fez grandes coisas em meu favor. Seu nome é santo e sua misericórdia perdura de geração em geração, para aqueles que o temem. Agiu com a força de seu braço, dispersou os homens de coração orgulhoso. Depôs poderosos de seus tronos, e a humildes exaltou. Cumulou de bens a famintos e despediu ricos de mãos vazias" (1,49-53). O cântico de Maria, inspirado em vários textos do Antigo Testamento, como o cântico de Ana (1Sm

2,1-10), era provavelmente um hino cristão antigo, que foi inserido na narrativa da visita de Maria a Isabel para salientar a fé dos pobres no Deus libertador. Entoando o cântico de Maria, a comunidade de Lucas manifesta sua fé na prática de Jesus como Messias, que subverte a sociedade estruturada sobre a busca desenfreada de bens e de poder, e liberta os pobres e oprimidos para uma vida mais digna.

A narrativa da visita de Maria a Isabel é uma catequese sobre o discipulado de Jesus, cujas exigências são: prática da solidariedade, dignificação do ser humano e a justiça social com a fé no Deus da vida. De modo especial, o cântico de Maria é um resumo do projeto do Deus da vida, revelado na vida de Jesus.

Maria continua presente em nossa vida, suscitando caminhos de comunhão, participação e novos modos de realizar a missão. No Documento de Aparecida lemos: "Nossos povos... encontram a ternura e o amor de Deus no rosto de Maria. Nela veem refletida a mensagem essencial do Evangelho" (265). Que Maria, nossa mãe e companheira de caminhada, possa continuar suscitando caminhos para mantermos viva nossa fé e nossa esperança em Jesus de Nazaré e com Ele continuarmos a missão de concretizar o Reino de Deus. E isto, em outras palavras, é a sinodalidade. Juntos nossas mãos e nossos corações nessa busca comum. Deus conosco!

Maria Antônia Marques
Professora no ITESP e assessora do
Centro Bíblico Verbo

II

COM MARIA, CAMINHANDO JUNTOS COMO IGREJA SINODAL, À LUZ DO VATICANO II

Celia Soares de Sousa

Introdução

"Maria" e "sinodalidade" não são temas isolados, na verdade, são temas que se complementam. É fundamental que a figura de Maria de Nazaré inspire a Igreja e que desperte toda a ação eclesial para a Participação, Comunhão e Missão, por uma Igreja sinodal.

Maria que participa plenamente, desde a encarnação do Verbo, como mulher e mãe e, como discípula, ativa no grupo de Jesus, na missão com a comunidade de fé, é protagonista da Igreja que busca "caminhar juntos", principalmente para a Igreja que precisa deslocar-se para as "periferias geográficas, sociais e existenciais" (cf. EG 20, 30, 46, 191).

Uma comunidade que não caminha como Igreja sinodal permanece fechada nas estruturas ensimesmadas, sem experimentar a novidade do Reino de Deus, anunciado por Jesus. Novidade que acontece nos sinais de vida, de diálogo, de serviço fraterno, no cuidado e na ternura, especialmente com as pessoas mais fragilizadas, e no ato de criar pontes que aproximam e não muros que afastam.

Esse itinerário do Caminho sinodal foi recuperado pela Igreja no Concílio Vaticano II, portanto é fundamental que cada pessoa batizada se reconheça como parte do povo de Deus, como membro da Igreja que acredita e contribui para a concretização da eclesiologia de comunhão.

Maria revela o rosto sinodal da Igreja. Sua participação na Igreja primitiva (cf. At 2,1-11) é sinal de que toda a Igreja necessita do discernimento, dom e graça do Espírito Santo de Deus, que fala no silêncio do coração e na comunidade reunida (SOUSA, 2022).

1. Maria, seguidora de Jesus

A partir das narrativas da comunidade lucana, é possível observar que as atitudes de Maria de Nazaré refletem a adesão à Aliança com o Deus da Vida – ela fazia parte dos que esperavam o Messias; Sua abertura e disponibilidade para servir – não a seus próprios projetos, mas ao Projeto de Deus – ela responde seu Fiat, aceita ser a Mãe de Jesus; Sua disponibilidade no Serviço – ela vai ao encontro de sua prima Isabel; Seu Cântico para exaltar o Deus dos pequenos e pobres – ela canta o Magnificat.

O testemunho é chave para compreensão da caminhada da comunidade cristã. Maria é apresentada como a mulher que caminha no seguimento de Jesus. Sua participação e presença na comunidade são elementos destacados pelo autor, deixando transparecer o rosto, a prática e a fé daquela comunidade.

De acordo com o evangelista Lucas, Maria, Mãe de Jesus, e as outras mulheres (At 1,14) estavam reunidas na Igreja nascente, a Igreja doméstica. Fora dos templos e da pesada estrutura da Lei, que incluía as normas, os tributos e demais exigências judaicas.

Esse trecho do conjunto dos Atos dos apóstolos mostra a relevante participação das mulheres na comunidade. Transparece um ambiente sem muitas exigências no que se refere à hierarquia. No entanto muitas mudanças ocorreram na estrutura da Igreja ao longo dos séculos, e a figura de Maria também passou por mudanças em sua imagem a cada época (COYLE, 2012, p. 7s).

Na caminhada da Igreja, no início do século III, "compreende-se que a reflexão sobre Maria, que estava vinculada a Jesus Cristo no início do cristianismo, começa a adquirir o próprio caminho: a devoção mariana com o uso de narrações mitológicas" (NAKANOSE, 2013, p. 10).

A chegada do movimento de renovação da Igreja católica, no Concílio Vaticano II, proporcionou a revisão da Mariologia (LG, 54). Nakanose afirma que "a Mariologia é retomada e aprofundada em relação com Jesus Cristo e com a comunidade de seus seguidores e suas seguidoras, pois ela é mãe, educadora, companheira e seguidora de Jesus" (2013, p. 11).

A devoção mariana aproxima Maria de Nazaré, a Mãe de Jesus, com a imagem feminina da Igreja, o "povo" de Deus[1]. É uma relação de cuidado e de amabilidade (FT, 224), atualmente tão necessários de serem resgatados, e que os devotos consideram que a Mãe de Jesus possa interceder por seus filhos a Deus, como a Mãe que cuida com afeto de seus filhos e suas filhas.

Na relação dos devotos com as diversas imagens e diversos títulos de Maria, Mãe de Jesus, as expressões são, entre outras, romarias para os santuários, as festas marianas, a reza do terço. Em geral, as pessoas buscam em Maria o afeto e a acolhida da Mãe de Deus, que a Ele leva seus pedidos e agradecimentos pelas graças alcançadas.

Maria, a Mãe de Jesus, é quem percebe a falta de vinho na festa em Caná, mas também é ela quem indica para fazer tudo o que Jesus disser (cf. Jo 2,5).

Messias comenta a importância da exortação do papa Paulo VI, na Marialis Cultus. Para o autor

> quatro critérios são importantes para uma compreensão integral de Maria e uma sadia vivência da devoção mariana: 1) critério bíblico (cf. MC, 30-31), exigindo que o culto seja permeado pelos grandes temas da mensagem cristã; 2) critério litúrgico (cf. MC, 31), harmonizando-se com os ciclos litúrgicos, ajudando a melhor vivê-los e a aprofundar no Memorial do Senhor; 3) critério da sensibilidade ecumênica (cf. MC, 32-33), evitando exageros que possam induzir a erros interpretativos e que atrapalhem o avanço no urgente caminho da unidade cristã; 4) critério antropológico (cf. MC, 34-37), compreendendo bem os aspectos socioculturais do tempo de Maria, evitando anacronismos e descobrindo as razões que fazem de Maria um modelo de ser humano também para os homens e as mulheres de hoje (MESSIAS, 2020, IHU).

O itinerário de fé das primeiras comunidades cristãs é sustentado pelos pilares da sinodalidade, em que "todos tinham os mesmos sentimentos e perseveravam em oração, com algumas mulheres, entre as quais Maria, Mãe de Jesus, e com os irmãos dele" (At 1,14), ou seja, a Igreja peregrina que reúne as pessoas, tendo Cristo como guia e procuram caminhar juntas, carrega a característica da Igreja sinodal (cf. LIMA, 2015, p. 909). A sinodalidade, portanto, não é uma novidade para a Igreja.

É fundamental retomar alguns aspectos que acenam para a Igreja "povo" de Deus tendo como destaque a Mariologia no pós-Concílio Vaticano II.

2. Maria caminha com seu povo

A figura de Maria é inserida no "povo" de Deus. Ela caminha com seu povo, desde as primeiras comunidades, atuando como a Igreja da base que está inserida na realidade de seu tempo; nas necessidades e no cuidado com os pobres e necessitados; com as pessoas que não aderem a Jesus e sua missão. Ela é mulher comprometida com o Projeto de Deus, desde a escuta até a prática como discípula de Jesus.

O sofrimento de Maria, com a morte de seu Filho, é assemelhado ao sofrimento de tantas mães e tantos pais que choram a morte – por vezes violenta – de seus filhos e suas filhas. Maria é mulher e mãe, que sofre ameaçada pela espada que transpassará sua alma (cf. Lc 2,33-35), mas vence a tristeza e o medo, ao assumir a Cruz e o discipulado de Jesus.

O Espírito que irrompe na jovem de Nazaré faz dela uma mulher ativa na fé e na comunidade, dialogante e disposta a acolher as adversidades de seu tempo. Ela acolhe o chamado de Deus e caminha com a Igreja nascente.

Maria é apresentada como a mulher do diálogo. E esse aspecto, especialmente na narrativa de Lucas, apresenta Maria como a mulher que dialoga com Deus, por meio de seu mensageiro. Dialoga com Isabel, promove o elã entre o povo antigo e o povo novo da Antiga Aliança para a Nova Aliança. Dialoga com José, seu esposo, e com Jesus, no cuidado maternal do Filho ao se perder no Templo (cf. Lc 2,41-52).

3. Sobre Maria na *Lumen Gentium*

O Concílio Vaticano II não teve a intenção de propor toda a doutrina acerca de Maria (cf. LG, 54), no entanto apresenta uma riquíssima reflexão sobre a figura de Maria. A ela é dedicado o título de "Bem-aventurada Virgem Maria Mãe de Deus no Mistério de Cristo e da Igreja" e afirma

> Por sua parte, a Igreja, procurando a glória de Cristo, torna-se mais semelhante àquela que é seu tipo e sublime figura, progredindo continuamente na fé, na esperança e na caridade, buscando e fazendo em tudo a vontade divina. Daqui vem igualmente que, na sua ação apostólica, a Igreja olha com razão para aquela que gerou a Cristo, o qual foi concebido por ação do Espírito Santo e nasceu da Virgem precisamente para nascer e crescer também no coração dos fiéis, por meio da Igreja (LG, 65).

Certamente, revisitar os objetivos do Concílio, descritos no Discurso de Paulo VI na continuação do Concílio Vaticano II de 29/09/1963: "a noção, ou, se preferir, a consciência da Igreja; sua renovação; a restauração da unidade de todos os cristãos;

e o diálogo da Igreja com a humanidade de nossos dias" nos ajudam a perceber a profunda sintonia com o lugar que Maria ocupa na ordem da Redenção, pois ela "ocupa, depois de Cristo, o lugar mais elevado e o mais próximo de nós" (LG, 54).

Para Messias,

> Ela, portanto, muito auxilia a Igreja na sua vivência de fé, inspira sua solicitude pastoral e nos leva, de modo singular e diferenciado, à contemplação do rosto de Cristo. Nela tudo fala de Deus e nos eleva a Ele, como ela mesma assim o foi: "imagem e início da Igreja que se há de consumar no século futuro, assim também, na terra, brilha como sinal de esperança segura e de consolação, para o povo de Deus ainda peregrinante, até que chegue o dia do Senhor" (LG, 68) (2020).

A Igreja, enquanto Mistério, não pode ser e estar dividida. Os frutos da ação do Espírito, nos sentimentos e nas ações de Maria, igualmente atuam em todas as pessoas que se abrem à experiência mistagógica na fé, esperança e caridade para que a Igreja possa realizar sua missão na Comunhão e Participação.

4. Caminhando com Maria, na Igreja sinodal

Maria é aquela que se deixa educar pelo Espírito. Como primeiro membro da comunidade dos que creem em Cristo, continua a colaborar para renascer a fé e a fidelidade dos discípulos (cf. DAp, 266). É a mulher que escuta, acolhe e, com disponibilidade, coloca-se a Caminho.

Certamente, foi um caminho de muitas descobertas, pois ela, como Mãe de Jesus, teve de buscar compreender seu papel de Mãe, esposa e seguidora de Jesus. Teria, igualmente a nós, muitos motivos para não seguir adiante.

No entanto a figura de Maria é modelo para a Igreja pela fé, coragem e sensibilidade ao chamado de Deus,

> sua figura de mulher livre e forte emerge do Evangelho conscientemente orientada para o verdadeiro seguimento de Cristo. Ela viveu completamente toda a peregrinação da fé como mãe de Cristo e depois dos discípulos, sem estar livre da incompreensão e da busca constante do projeto do Pai. Alcançou, dessa forma, o fato de estar ao pé da cruz em comunhão profunda, para entrar plenamente no mistério da Aliança (DAp, 266).

O papa São Paulo VI destaca que, não só Maria não era submissa como, ao contrário, era "mulher forte, que experimentou a pobreza e o sofrimento, a fuga e o exílio" (MC, 37). Maria é apresentada como discípula – modelo para mulheres e homens que trabalham pela justiça e para libertar os oprimidos, que ajudam os necessitados e ativamente dão testemunho "do amor que edifica Cristo nos corações" (MC, 37).

Pela fé, acreditamos que a Igreja caminha pela ação do Espírito, e como Corpo Místico de Cristo, ela é chamada a revisitar seu Caminho na economia da Salvação. Nesse sentido, os sínodos propõem a experiência do "caminhar juntos" no exercício da escuta para evitar o erro da autorreferencialidade (EG, 94-95), da reflexão teológica e pastoral da Igreja.

No Documento preparatório para o Sínodo sobre a Sinodalidade, o papa Francisco indicou o Caminho sinodal, intitulado "Para uma Igreja sinodal: comunhão, participação e missão".

Godoy comenta que "graças ao papa Francisco estamos debatendo sobre experiências sinodais na Igreja" (GODOY, 2022, p. 69), no entanto nos alerta o pontífice que este é o caminho que Deus espera da Igreja:

> "O caminho da sinodalidade é o caminho que Deus espera da Igreja do Terceiro Milênio": esse é o empenho programático proposto pelo Papa Francisco na comemoração do cinquentenário da instituição do Sínodo dos Bispos pelo Beato Paulo VI. De fato, a sinodalidade – ressaltou ele – "é dimensão constitutiva da Igreja", de modo que "aquilo que o Senhor nos pede, em certo sentido, já está tudo contido na palavra 'sínodo'" (CTI, 2021, 1).

4.1. Rosto mariano da Igreja sinodal

Voltando à afirmação sobre a figura de Maria "de mulher livre e forte, (que) emerge do Evangelho conscientemente orientada para o verdadeiro seguimento de Cristo", encontramos a Mulher que não se equipara a Deus, muito pelo contrário, ela é uma de nós, humana, peregrina e aberta à ação de Deus, necessitada de Deus" (MURAD, 2012, p. 15), caminha conosco com as alegrias e com os desafios do cotidiano.

É necessário olhar para a Igreja, que tem Maria como tipo e modelo, para que ela mesma, na totalidade do corpo eclesial, possa refletir sobre qual modelo tem sido adotado a partir das propostas de renovação conciliar do Vaticano II.

Para Godoy, "isso implica um modo de ser e um modo de atuar como Igreja que deve impregnar a totalidade do corpo eclesial, pois a sinodalidade dever ser compreendida como forma, como estilo e como estrutura da Igreja" (2022, 69).

Francisco, ao retomar um dos documentos conciliares (LG), recorda que

> a sinodalidade "nos oferece o quadro interpretativo mais apropriado para compreender o próprio ministério hierárquico" e que, com base na doutrina do sensus fidei fidelium, todos os membros da Igreja são sujeitos ativos de evangelização. Disso, resulta que a colocação em prática da Igreja sinodal é pressuposto indispensável para um novo ardor missionário que comprometa todo o povo de Deus (CTI, 2017, 9).

É importante compreender que é missão de todo o "povo" de Deus, como membros da Igreja, atuar, com um novo ardor missionário, como sujeitos ativos de evangelização, na prática da Igreja sinodal.

Pela força do Batismo, todas as pessoas são inseridas no mistério da Igreja e, tocadas pelo grandioso Amor de Deus, chamadas a anunciar que "o amor de Deus foi derramado em nosso coração pelo Espírito Santo" (Rm 5,5).

A Igreja nos ensina que Maria é a educadora na fé. Ela nos educa para nos assemelharmos cada vez mais a Jesus (DAp, 300b). Jesus rejeitou estruturas legalistas e chamou a comunidade para segui-lo e imitá-lo, nas palavras e ações.

Na ótica da participação ativa na Igreja, Miranda ressalta que

> (...) a vocação missionária do cristão não se limita apenas ao âmbito da família, dos amigos e da sociedade em geral, pois, já que ele é membro de uma comunidade missionária, membro do Povo de Deus, convocado pelo próprio Deus em prol da salvação da humanidade, deve participar ativamente do que diz respeito à missão da Igreja. E já que a missão é razão da existência da Igreja (a Igreja toda ela e missionária), então, tudo o que concerne à Igreja implica também a participação de todos os membros da Igreja (MIRANDA, 2022, p. 201).

Como povo de Deus, a Igreja peregrina "caminha com Cristo, por meio de Cristo e em Cristo. Ele, o Caminheiro, o Caminho e a Pátria, doa seu Espírito de amor (Rm 5,5) para que nele possamos seguir a ´via mais perfeita´ (1Cor 12,31)" (CTI, 2016, 50).

Apesar das diversas escolhas que o caminho da vida propõe, como Igreja não caminhamos sozinhos, somos inspirados a "caminhar novamente sobre as pegadas de seu Senhor, até que Ele retorne (1Cor 11,26)", e, como "Povo do Caminho (At 9,2; 18,25; 19,9), rumo ao Reino celeste (Fl 3,20)".

O papa Francisco insiste que "a sinodalidade é a forma histórica de seu caminhar em comunhão até o repouso final (Hb 3,7–4,44)" (CTI, 2016, 50).

4.2. Comunhão e Participação

É preciso caminhar para um tempo de maturação, em que todo o corpo eclesial (todas as pessoas batizadas) possa abraçar a fé, em uma atuação eclesial de maneira mais participativa.

O primeiro a nos revelar como viver essa dimensão de comunhão e participação foi o próprio Jesus de Nazaré. Murad nos recorda que

> Jesus, o Messias e o Salvador (Lc 2,11), não caminhou sozinho. Inaugura o Reino de Deus, novo tempo de felicidade e alegria para todos, especialmente para os pobres (Mc 1,15; Lc 4,18; 5,20s; 8,1). Mostra como Deus Pai é tão bom, ao acolher e perdoar os pecadores (Lc 7,36-49). Mas Jesus não realiza sozinho essa missão. Desde o começo, chama algumas pessoas para segui-lo mais de perto. Depois de rezar muito, Jesus escolhe os doze (Lc 6,12-16), que estão mais perto dele, dia e noite, aprendendo a viver a relação com Deus e com os outros. Além dos doze apóstolos, algumas mulheres acompanhavam a Jesus (Lc 8,2s). E ainda há um grupo de setenta e dois discípulos (Lc 10,1). A todos Jesus envia em missão (Lc 9,1-6; 10,1-11), para que testemunhem a misericórdia de Deus e anunciem seu Reino (MURAD, 2012, p. 53).

Se Jesus optou pela dinâmica (do Reino) e aplicou a sinodalidade, a Igreja deve ser fiel no mesmo caminho, na mesma forma, estrutura e no mesmo estilo. Nesse sentido, Miranda argumenta que "uma Igreja sinodal com a participação de todos (...) configura mais perfeitamente o que deva ser a Igreja como Povo de Deus" e que "a sinodalidade eclesial não pode ficar restrita à hierarquia, mas deve concretizar-se em todo o Povo de Deus" (2022, p. 204-206).

Revisitando a narrativa de Lucas, encontramos Maria que não viveu isoladamente sua missão. A saída de Maria para ir ao encontro de Isabel demonstra a comunhão do Povo de Deus, o antigo e o novo, que agora se alegra com a Boa notícia do Reino, a se instaurar na pessoa de Jesus de Nazaré, o Verbo encarnado.

Por isso faz muito sentido destacar o "apressadamente" (cf. Lc 1,39-47), pois a Igreja, todo o corpo eclesial, é chamada a experimentar apressadamente a escuta, a promover a participação efetiva de mulheres e homens em suas estruturas, a fim de realizar a mesma missão de Jesus, que não realiza sozinho sua missão.

Retomar o caminho das primeiras comunidades, conforme propõe o papa Francisco, é uma condição fundamental para que a Igreja faça a experiência sinodal. Comenta Adolfo,

> Quando o papa Francisco propôs um sínodo sobre a sinodalidade, muitos acharam redundante. No entanto é preciso lembrar que a experiência sinodal esteve muito presente na Igreja em seus primórdios, caiu em desuso na Igreja Latina (Romana), sendo recuperado pelo Concílio Vaticano II. No entanto, tal experiência continuou firme e vigorosa nas Igrejas Ortodoxas presentes no Oriente. Passados quase sessenta anos do Concílio Vaticano II e vividas as experiências de vários sínodos temáticos ou por áreas pastorais (os sínodos continentais, por ocasião do jubileu do Segundo Milênio, o sínodo para a Amazô-

> nia), o papa Francisco propõe um caminho sinodal para avaliar, repensar e avançar nesse caminho tão antigo e tão novo! E Francisco já vem fazendo outras propostas sinodais como a própria Assembleia Eclesial da América Latina e do Caribe, a Conferência Eclesial da Amazônia, a Economia de Francisco e o Pacto Educativo Global. Quais as novidades que essas propostas trazem? São, sobretudo, a abertura à participação efetiva de categorias de pessoas milenarmente deixadas de fora das decisões eclesiais – o laicato católico, mulheres e homens que são Igreja e que, por mais de um milênio, foram deixados a uma posição passiva, submissa e obediente – também o diálogo com a sociedade como um todo e a cultura contemporânea, representados pelos cristãos e pelas cristãs que já não participam da vida eclesial ou sem pertença eclesial (2021).

Entretanto Miranda alerta que "importante seria a criação de uma mentalidade nova que acabasse com a passividade tradicional do laicato na Igreja" (2022, p. 202), pois como sujeitos eclesiais "o conhecimento e a experiência de cristãos leigos e cristãs leigas representam indispensável contribuição para uma visão real da sociedade" (2022, p. 203), para colaborar com os desafios pastorais mais urgentes.

5. Assembleia Eclesial – experiência de sinodalidade

Com o tema "Discípulos missionários de Jesus em saída" foi realizada a Primeira Assembleia Eclesial da América Latina e no Caribe, entre os dias 21 e 28 de novembro de 2022.

Para Santinon, "este evento foi um começo de um processo, que à luz da fé pretendemos experimentar a transcendência de Aparecida e a novidade do Espírito de Deus que nos surpreendia dia a dia como membros de um Povo" (2022, p. 27).

É importante ressaltar que a sinodalidade é um dos pilares do pontificado de Francisco. Para o pontífice

> O tema da sinodalidade não é o capítulo de um tratado de eclesiologia, muito menos uma moda, um slogan ou o novo termo a ser usado ou instrumentalizado em nossos encontros. Não! A sinodalidade expressa a natureza da Igreja, sua forma, seu estilo, sua missão (MASSOTTI, 2021).

A Assembleia não foi apenas um evento, é preciso ampliar a consciência de processo de sinodalidade. Conforme Wisniewski,

> Destaca-se que a Assembleia Eclesial foi uma experiência de sinodalidade, senão em seu conjunto, pelo menos nos grupos de discernimento. Na maioria dos grupos aconteceu um clima de diálogo e respeito entre as pessoas participantes. Bispos e padres ouviram com a atenção e interesse as propostas apresentadas pelos leigos, e estes últimos faziam o mesmo. Havia muita disposição para refletir, apresentar propostas e participar de maneira corresponsável do processo sinodal. Muitos assembleístas tinham clareza de que a Assembleia Eclesial era muito mais um processo, um caminho, do que propriamente um evento. A sinodalidade é um caminho que rompe com o clericalismo e inau-

> gura uma nova dinâmica baseada na comunhão, no compartilhamento de decisões e na corresponsabilidade (2021).

Em vista da temática da participação feminina na Igreja, a V Conferência de Aparecida e Caribe (2007) lamenta porque não se valoriza nem se promove adequadamente a indispensável e peculiar participação da mulher na construção de uma vida social mais humana na edificação da Igreja e "propõe na América Latina a urgente superação de uma mentalidade machista, que ignora a novidade do cristianismo" (cf. DAp, 453) e afirma que "Maria, discípula por excelência entre discípulos, é fundamental na recuperação da identidade da mulher e de seu valor na Igreja" (DAp, 451).

É importante destacar a contribuição de Bingemer, especialmente, no contexto da sinodalidade, quando nos referimos ao feminino e à Igreja:

> As mulheres têm uma maneira de vivenciar e falar sobre suas experiências espirituais que é inseparável de seus corpos. A teologia feita pela mulher apresenta e torna visível sua própria corporeidade, quando fala do mistério de Deus, introduzindo uma novidade na compreensão da vida espiritual e da ação do Espírito de Deus no mundo. Além disso, esse mesmo mistério, afetando e configurando a corporeidade sexual nutrida das mulheres, revela outros aspectos da sua identidade, que dão uma contribuição inestimável ao Povo de Deus (2022, p. 220).

Portanto são muitos os desafios para a promoção efetiva da sinodalidade na Igreja. O primeiro é a tomada de consciência e, posteriormente, a mudança de posturas centralizadoras, seja de clérigos, cristãos leigos e leigas, religiosas, para uma experiência verdadeiramente sinodal, com a participação ativa de todos os seus membros.

Francisco anima toda a comunidade cristã a olhar para Maria, "porque sempre que olhamos para ela, voltamos a acreditar na força revolucionária da ternura e do afeto" (EG, 287).

5.1. Sinodalidade implica: descer, ver, ouvir, conhecer

O processo de escuta convida toda a Igreja para examinar sua prática, diante das ações de Deus "descer, ver, ouvir e conhecer" (cf. Ex 3,7s). São verbos que aproximam Deus da história. É um Deus caminheiro. A mesma dinâmica deve ser assumida pela atividade pastoral, em todas as suas dimensões e pessoas envolvidas.

No *Magnificat* de Maria, o evangelista narra que Deus *olhou* para a humildade de sua serva (cf. Lc 1,46-48). É um Deus que se relaciona com o humano, quer conhecê-lo, para que este se identifique, assemelhe-se a Ele.

A atitude de Maria de Nazaré muito tem a nos ensinar como mulher que exalta seu Deus, mostrando a face amorosa de um Deus que não exclui, não condena e não persegue, diferentemente das autoridades políticas e religiosas de seu tempo. Fato que Jesus havia criticado duramente.

De acordo com Miranda,

> já que devemos contar com uma transformação lenta e também com a resistência de alguns da Igreja, importante mesmo é seguir os impulsos do Espírito Santo, que nos inspira, acompanha e sustenta ao longo de todo o processo (2002, p. 207).

Se, para Francisco, "Maria é aquela que soube transformar um curral de animais na casa de Jesus, com uns pobres paninhos e uma montanha de ternura", é imperativo e urgente para toda a Igreja, sobretudo para os cristãos leigos e cristãs leigas, sair da inércia e da atitude passiva, acumuladas por séculos, pois isto dificultará e muito a emergência de uma nova configuração eclesial: a sinodalidade (cf. MIRANDA, 2022, p. 206).

Francisco exorta sobre a necessidade de não deixar ninguém para trás, pois o caminho sinodal não deve ser apenas um slogan. Para Bingemer, "caminhar juntos é o caminho constitutivo da Igreja, porque é a condição para seguir Jesus e anunciar seu Evangelho em tempos tão doloridos e feridos" (2022, p. 224). Nesse sentido, toda a Igreja está convocada para participar da escuta, do acolhimento, a fim de que ninguém se sinta excluído.

Conclusão

Há uma beleza intrínseca na relação entre Mariologia e sinodalidade. Não há como tratar de Maria sem falar de Jesus de Nazaré, de sua missão e das primeiras comunidades que seguiram fiéis a seu chamado.

Permanecer com Jesus e no seguimento a Jesus é uma condição atual e urgente para a ação eclesial e para dar respostas aos desafios de nossos tempos. O papa Francisco tem apontado caminhos de construção de pontes, para gerar processos de encontro (FT, 217), – a cultura da ternura e do encontro, por exemplo, sem discriminações e indiferenças, em uma eclesiologia centrada na Palavra e na Eucaristia.

A Igreja, ao percorrer o itinerário do Caminho sinodal, é chamada a revestir-se do Espírito de Deus, que gera comunhão, de participação e missão, "a reconhecer, ou outro, o direito de ser ele próprio e de ser diferente" (FT, 218) e a participação do laicato, sobretudo das mulheres, nos diversos espaços de decisão da comunidade eclesial.

O hino mariano, tão popular e conhecido das comunidades eclesiais, remete ao caminho – mariano – sinodal na Igreja: "Pelas estradas da vida, nunca sozinho estás, contigo pelo caminho, Santa Maria vai. Ó, vem conosco, vem caminhar. Santa Maria vem! Ó, vem conosco, vem caminhar! Santa Maria vem!"[2]

Em sintonia com a eclesiologia do Vaticano II, convocada pelo papa Francisco, a Igreja possa continuar inspirando, motivando, animando todo o povo de Deus, e que ao assumir a sua própria vocação vivam profundamente a dinâmica trinitária de abertura, de acolhimento e de serviço ao Reino de Deus.

Para avançar, com Maria, na comunhão e na participação, contamos com a "santa ousadia" da Virgem Maria, pedindo a Ela que nos ajude a "refulgir com o testemunho da comunhão, do serviço, da fé ardente e generosa, da justiça e do amor aos pobres, para que a alegria do Evangelho chegue até os confins da terra e nenhuma periferia fique privada da luz de Cristo" (cf. EG, 288).

Celia Soares de Sousa
Cristã leiga, mestre e doutoranda em Teologia,
especialista em Mariologia

NOTAS

[1] O conceito de "povo" é conceito espiritual, não científico. É significativo que nem os filósofos nem as ciências humanas deram muita importância a esse conceito. O "povo" é tão fundamental no cristianismo como o conceito de "liberdade", de "palavra". Se a Igreja é "povo, isso quer dizer que sua unidade não consiste simplesmente na comunhão de fé, de sacramentos e de governo. Essas funções geram uma comunhão espiritual. Porém essa comunhão deve encarnar-se em uma comunhão humana (COMBLIN, 2002, p. 14, 147), op. cit. SOUZA, Ney. Dimensões históricas da sinodalidade. *In:* JUNIOR, Francisco de Aquino e PASSOS, João Décio. (Orgs.) *Por uma Igreja Sinodal. Reflexões teológico-pastorais.* São Paulo: Paulinas, 2022.

[2] Autor anônimo.

BIBLIOGRAFIA

ADOLFO, Paulo. *Um caminho sinodal. Um caminho de escuta.* Disponível In Artigo: Um caminho sinodal, um caminho de escuta – Arquidiocese de Pouso Alegre (arquidiocesepa.org.br) 2021. Acesso em 15.11.2022.

BINGEMER, Maria Clara Lucchetti. *Sinodalidade e diferença de gênero: caminhando juntos, homens e mulheres.* In: JUNIOR, Francisco de Aquino e PASSOS, João Décio. (Orgs.) *Por uma Igreja Sinodal. Reflexões teológico-pastorais.* São Paulo: Paulinas, 2022.

COMISSÃO TEOLÓGICA INTERNACIONAL. *A Sinodalidade na vida e na missão da Igreja.* In: A sinodalidade na vida e na missão da Igreja (2 de março de 2018) (vatican.va). Acesso em 15.11.2022.

DOCUMENTO DE APARECIDA: Texto conclusivo da V Conferência Geral do Episcopado Latino-Americano e do Caribe, Edições CNBB, Paulinas, Paulus, 2007.

GODOY, Manoel. Experiências Sinodais. In: JUNIOR, Francisco de Aquino e PASSOS, João Décio. (Orgs.) *Por uma Igreja Sinodal. Reflexões teológico-pastorais.* São Paulo: Paulinas, 2022.

FRANCISCO, Papa. Exortação Apostólica *Evangelii Gaudium*. Brasília: CNBB, 2013.

FRANCISCO, Papa. *Fratelli Tutti*: Carta Encíclica sobre a fraternidade e a amizade social. Brasília: CNBB, 2020.

KOYLE, Kethleen. *Maria tão plena de Deus e tão nossa*. São Paulo: Paulus, 2012.

LIMA, L. A. *Sínodo dos Bispos*. In: Passos, João Décio; SANCHEZ, Wagner Lopes. (Org.). Dicionário do Concílio Vaticano II. São Paulo: Paulus/Paulinas, 2015.

MASOTTI, Adriana. *O Papa: sinodalidade não é um slogan, significa essencialmente "caminhar juntos"*. In: O Papa: sinodalidade não é um slogan, significa essencialmente "caminhar juntos" – Vatican News 2021. Acesso em: 15.11.2022.

MESSIAS, Elvis Rezende. *Maria de Nazaré à luz da Mariologia desenvolvida a partir do Concílio Vaticano II*. In: Maria de Nazaré à luz da Mariologia desenvolvida a partir do Concílio Vaticano II – Instituto Humanitas Unisinos – IHU. Acesso em 15.11.2022.

MIRANDA, Mario de França. *Igreja de Batizados: Igreja sinodal*. In: JUNIOR, Francisco de Aquino e PASSOS, João Décio. (Orgs.) *Por uma Igreja Sinodal. Reflexões teológico-pastorais*. São Paulo: Paulinas, 2022.

MURAD, Afonso. *Maria toda de Deus e tão humana. Compêndio de Mariologia*. São Paulo: Paulinas e Santuário, 2012.

NAKASONE, Shuigueyuki. *Maria pôs-se a caminho*. In: Maria pôs-se a caminho | Vida Pastoralset-out2013. Acesso em: 15.11.2022.

PAULO VI, Papa. *Marialis Cultus*. Exortação Apostólica para a reta ordenação e desenvolvimento do culto à Bem-Aventurada da Virgem Maria. In: *Marialis Cultus* (2 de fevereiro de 1974). Paulo VI (vatican.va). Acesso em 15.11.2022.

SANTINON, Ivenise T. Gonzaga. *A convocação de Francisco e a sinodalidade na Assembleia Eclesial: um olhar feminino*. In: Primeira Assembleia Eclesial da América Latina e do Carine. SANCHEZ, Wagner Lopes (Org.). São Paulo: Paulinas, 2022.

WISNIEWSKI, Eliseu. *Primeira Assembleia Eclesial da América Latina e Caribe*. In: Primeira Assembleia Eclesial da América Latina e do Caribe – Instituto Humanitas Unisinos – IHU 2021. Acesso em 15.11.2022.

SIGLAS

DAp – Documento de Aparecida

EG – *Evangelli Gaudium*

FT – *Fratelli Tutti*

MC – *Marialis Cultus*

ÍNDICE